サヴォワ邸の明るい時　　ジャン゠フィリップ・デローム　絵
　　　　　　　　　　　　ジャン゠マルク・サヴォワ　文
LES HEURES CLAIRES　　戸田 穰　訳
DE LA VILLA SAVOYE　　鹿島出版会

© Éditions les quatre chemins, 2015

© Jean Philippe Delhomme pour les illustrations

Japanese translation rights arranged with BOOKSAGENT
through Japan UNI Agency, Inc., Tokyo

ピエール・サヴォワ

ウジェニー・サヴォワ

光は限りなく純粋だった。斜めにさす夕陽の光に照らされてシルエットになった雲を、一陣の風が黄色に変わっていく空へと散らしていく。それは2000年だったか、2001年だったか、もう定かではないが、6月のある日の夕方だった。私はそこにいた。このテラスに、母の隣にいて、室内オーケストラによるドヴォルザーク、グリーグ、ベートーヴェンの演奏を聴いていた。完璧なハーモニーを奏でる希有ではかない瞬間。つかのま、私は家にいた。つかのま、母は自分の過去にとらわれていた。1939年の春、この家で父と婚約したとき、すべてはそのときここから始まったのだから。
音楽が止んだ。夜が雲をのみこみ、夜露が降りて私たちを現実に引き戻した。時間はたしかに流れていた。

1928年6月8日＊、ル・コルビュジエと——おそらくひとりで——面会の約束(ランデ・ブ)を取るだなんて、祖母はいったい何を考えていたのだろう。この思ったよりも複雑な問いに答えようとするのが、まさに本書の目的である。祖母がル・コルビュジエの建てた家の写真を見ていたということは知っている。祖母が言うには、友人との鉄道旅行のときにめくっていた雑誌でル・コルビュジエの作品を発見して、その友人に「見て、わたしが欲しいのはこういう家なのよ」と言ったというのだ。それからずいぶんたって、彼女が「ポワシー」について話すときには——家族の間ではこの別荘のことを「ポワシー」と呼ぶようになっていた——自分が死んだあとにも長く残るような家をつくりたかったのだと祖母は説明したものだった。

＊この日付は、本書に採録した多くの情報と同様、ジュゼップ・ケグラスによるサヴォワ邸についての途方もない大著『明るい時』に依拠している。ほんとうに残念なことだが、この本にはスペイン語版しか存在しない。

数年後には
建物を損なうことなく
増築ができるように

ウジェニー・サヴォワ

ここで祖母の話するのは、彼女こそこのプロジェクトの原動力だったからだ。この近代性(モデルニテ)の選択は彼女によるものだった。彼女の歴史や文化、出自からすれば、豪華で物々しい屋敷や城館を買うのがごく自然な流れだったのだろう。けれど1928年に彼女が望んだのは、建設し、毅然として未来へと向かうことだった。実際、彼女はル・コルビュジエに宛てた最初の手紙から「数年後には建物を損なうことなく増築ができるように」と考えていた。1928年の夏の手紙はこの一文から始まるのだが、これは設計依頼の手紙と考えるべきだろう。その形式には驚かされる。この手紙は手書きで何の装飾も施されていない。定型の挨拶というようなものがないのも驚きで、下書きかと勘違いしてしまいそうなほどだ。どうやら最後の一枚は紛失しているようなのだが、この手紙がル・コルビュジエのアーカイブズの中から発見されたということは、これが投函されたことは間違いない。祖母の要望は細かくて的確だ。一読して、建築家にはほとんど自由が残されていなかったように思える。祖母の思い出を振り返ってみるに、そのこともわたしには意外ではない。祖母はいつも自分が何を欲しいのかよくわかっていたし、それほど「気易く」もなく、たやすくとりこまれるような人物でもなかった。

しかし形式よりも、この手紙の内容の方がさらに注目すべきものだ。というのも、建築においては、とくに戸建て住宅の場合には、クライアントがすべてだからである。自分の望むところを主張するのはクライアントで、それは、これからそこに暮らすことになるのがクライアントだからだ。暮らすとはつまり、食べて、寝て、愛して、笑って、泣いて、これらすべてを家族とわかちあうことに他ならない。わたしの祖父母からの注文も、こうしたとても具体的なレベルのものだったことを見逃してはならない。彼らにとって家を建てることは、マニフェストを掲げるとか、芸術家のパトロンになるとかそういうことではなかった。彼らにとって問題だったのは郊外住宅を建てることであり、そこで幸せに暮らすこと、それ以上でもそれ以下でもなかった。もし祖母が「住むための機械」についての噂を耳にしていたら、6月の約束(ランデ・ヴ)も日の目を見なかったことだろう!

依頼書

拝啓

ここにわたしが郊外住宅に望む主な条件をあげておきます。最初に、数年後には建物を損なうことなく増築ができるようにお願いします。

他に、温冷給水、ガス、電気（照明と電源）、セントラル・ヒーティング。

1階には12×7mの大きな居間がひとつ、クローク、（洗面台とトイレ）、台所、配膳室、果物貯蔵室、8×4mの寝室、これとは浴室~~とトイレ~~で隔てられた4×4mの寝室。

2階には、大きな浴室、トイレ、15m²の化粧室の付属する5×4mのわたしの部屋。

使用人：水道と水洗トイレのついた使用人部屋がふたつ。3台分の駐車場。管理人と運転手のための住居がひとつずつ。物置部屋と屋根裏部屋。地下にはワインカーブと貯蔵庫。

詳細：台所はヴィル＝ダヴレーのように3つのコンセントと2つの照明。配膳室はヴィル＝ダヴレーのものよりも少し大きく、電気洗濯機の置き場所とコンセントがひとつ。

クロークもそれなりに広めで天井照明をひとつ。天井照明は洗面台にも。

大きな居間には、間接照明で、食卓の上には装飾燭台。5つのコンセントと大きな暖炉。この部屋は厳密に長方形である必要はないが、居心地のよいコーナーがあること。

Monsieur

Voici les principaux détails de ce que je désire avoir dans la maison de campagne.
D'abord, je voudrais qu'il soit possible de l'agrandir dans quelques années sans que l'agrandissement abime la maison.
J'y veux l'eau chaude et froide, le gaz, l'électricité (lumière et force) le chauffage central.
Au rez-de-chaussée 1 grande pièce de 12m/7
1 vestiaire, (lavabo-water), 1 cuisine, 1 office, 1 fruitier
1 chambre à coucher 8/4, une autre chambre à coucher 4/4 séparées par une salle de bains ~~avec water~~
A l'étage ma chambre 5/4 avec grande salle de bains water fermé, 1 lingerie et 1 boudoir de 15m²
Service: 2 chambres de bonnes avec prise d'eau et un water. 1 garage pour 3 voitures. 1 logement de concierge et un logement de chauffeur. 1 débarras pour outils et un grenier (malles)
1 cave à vin et une autre cave.

Détails: Une cuisine comme à Ville d'Avray avec 3 prises de courant force et 2 éclairages.
Un office un peu plus grand que celui de Ville d'Avray ~~av~~ un emplacement pour la lessiveuse électrique et une prise de courant force.
Un vestiaire assez grand avec une lampe au plafond et une autre au lavabo.
Dans la grande pièce, éclairage indirect et torchères sur la table pour manger. 5 prises de courant une grande cheminée. il ne faut pas que cette salle soit strictement rectangulaire, mais comporte des coins confortables

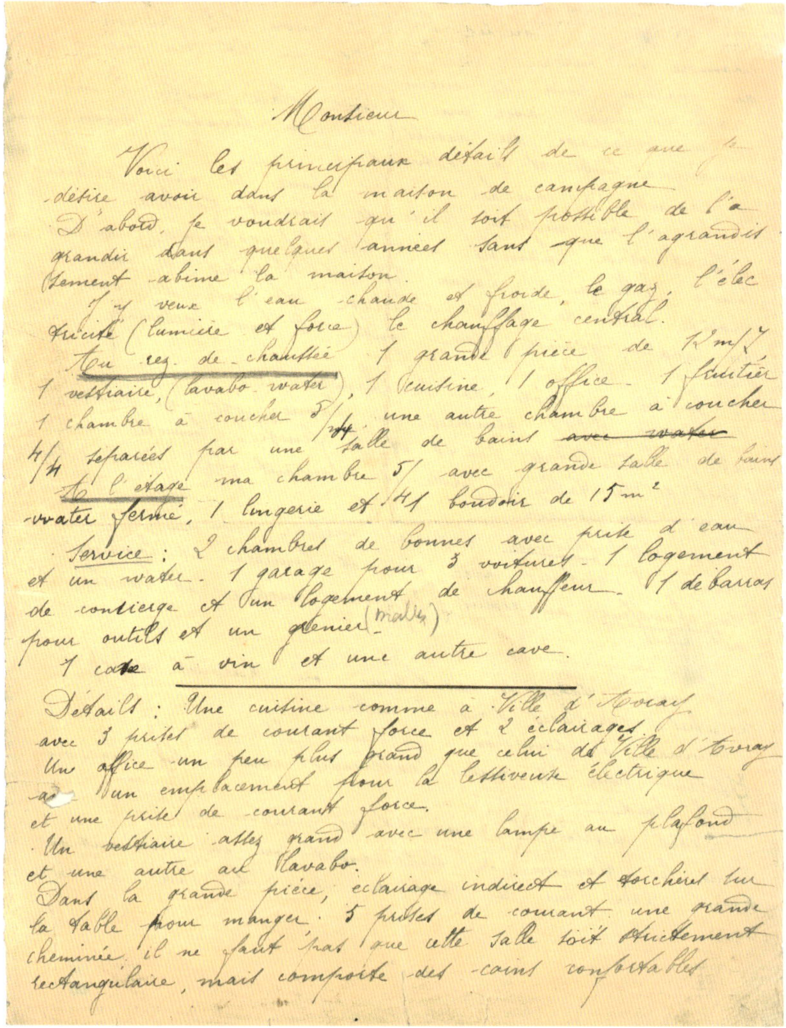

5×4mの子供部屋には、勉強部屋にもなるように、中央部にコンセント。

　浴室の一面は大きな鏡をとりつけ、天井と洗面台には照明を。個室トイレワードローブ。

　二人分の来客用の寝室。枕元と部屋中央に照明。コンセント。トイレ。

　2階には5×4mの二人用の寝室。間接照明。各ベッドに電気照明。浴室には2つのコンセント。洗面所には照明とコンセント。壁に大きな鏡と、鏡を照らす照明。

　寝室脇には化粧室。

　2.50×3mのリネン室には引き出し式の整理棚。窓際には1m20cmの折りたたみテーブル。テーブルの上には光が落ちるように。またアイロン用の電源。

　天窓。

　庭師の住まいは、2部屋に台所、トイレ。

　3台分の駐車場には水道と照明。**運転手**の住まいはその上で2部屋に台所、トイレ、納戸。

―――――――――――――

検討事項：寝室の床材はゴムもしくはフローリング。それ以外はどこもタイル張り。

　食料の収納棚はイエール社の錠前。

　外壁には断熱材をいれて暑さ・寒さに備える。

　仕様書、積算書、見積書。

　すべての追加工事や工事削減については請負工事の基本料金に基づいて決定すること。

まず印象的なのは、祖母が大きな家を望んでいたわけではなかったということだ。この家はわたしの祖父母とその一人息子、3人のための家だった。したがって2つの寝室と、来客のための客室がもうひとつだけあればそれでよかった。パリからは1時間かそこらで、友人たちは車か電車でその日一日を遊びに来る。だから大勢で集まってヴァカンスを過ごすような大きな家を建てるなんてことではなかった。親族も限られていた。わたしの祖父は兄弟姉妹とは疎遠だったし、わたしの祖母はフランス・ノール地方に暮らす妹とはすっかりご無沙汰だった。もちろん、わたしの父だっていつか結婚するだろう。でもこのとき父は21歳だったし、いずれ彼が子どもをもつときには、「家を損なうことなく」この家を増築することになっただろう。いずれにしろ、わたしはこう証言できる。わたしの祖母は大勢の孫たちに好きにさせるようなタイプではなかったし、子どもたちを寝かせるために子守唄を歌ってやるような女性でもなかった……。いや、わたしの祖父母にとっては家族というのは中心的な関心事ではなかった。そのことは、さっきの最初の手紙にも透けてみえる。そして、このことは図面にも見てとれるだろう。もちろん、家政婦を雇うことは前提だった。1階の2つの部屋はおそらく、ひとつは使用人部屋で、ひとつは料理人のためだろう。運転手と庭師はもうひとつの離れに暮らしていた。

住宅は快適で明るくないといけない。このわずか2枚の手紙の中で20回以上も、照明やコンセント、それに新しい機械——「電気洗濯機」だ——を設置するための電源について言及している。暖房はもちろん「セントラル」ヒーティングだが、にもかかわらず祖母は大きなリビングルームに暖炉を希望した。「厳密に長方形である必要はないが、居心地のよいコーナーがあること」が条件だった。彼女は床材についてまで注文をつけており、寝室の床にはゴムを敷き詰めようと考えていた。台所は「ヴィル=ダヴレーのように」大きく、配膳室はさらに大きくなくてはならなかった。このフレーズは重要だ。祖母はなにより料理をするのが好きだったから、彼女が台所に大きな関心をもっていたことには驚かない。そうではなくてこのフレーズが証言しているのは、ル・コルビュジエがヴィル=ダヴレーに完成させたばかりの「チャーチ邸」を祖母が訪問していたということだ。

サヴォワ家が住んでいた
クルセル通り105番地の集合住宅

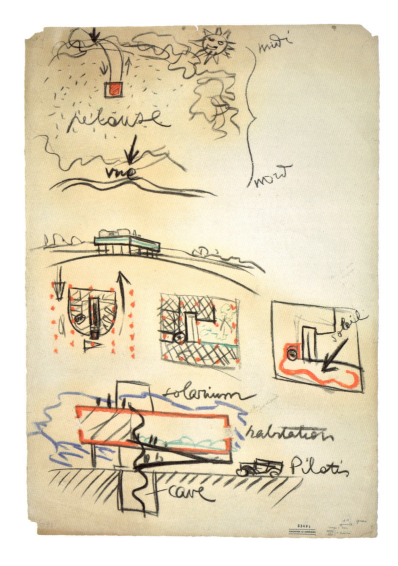

左：住宅と自動車のスケッチ
右：1929年のブエノス・アイレスでの
会議のために制作された
ル・コルビュジエのスケッチ。
『プレシジョン』に掲載された

ル・コルビュジエに依頼するということは、祖母には、自分が何を期待しているのか
が完全にわかっていて、はっきりと近代的な住宅を選んだということだ。結局、
この手紙から浮かび上がってくるのはこのことだ。そうとは知らぬうちに、
このほとんど平凡な文章から、驚くべき近代性(モデルニテ)が浮かび上がってくる。家族はすでに
核家族で、移動は車で、日中はパリとのあいだを往復する。女性たちも運転するし、
自立している。手伝ってもらうことはあるだろうが、したいときには料理もするだろう。
女性たちはスポーツもする。祖母は泳ぎが得意で、サン・ジャン・ド・リュズ湾を
泳いで渡ったこともある。祖父と同じように祖母はゴルフにも夢中になった。

わたしの祖父母はきわだって教養があったわけでもないし、そこまで夢見がちだった
わけでもなければ、熱心なほど進歩的であったわけでもない。しかし彼らはモダン
だった。とてもモダンだった。モダンであることはたんなるポーズではなかったし、
証明を必要とするようなことでもなく、彼らの生き方そのものの問題だった。
そのようなところで、彼らはル・コルビュジエと出会ったのだ。祖父母たちは建築家に
大きな裁量を与えた。ル・コルビュジエはのちに別のところで祖父母たちのことを
「まったく先入観をもたない人たち」だったと述懐している。このことは重要である。
ここで、この思いがけない二人のクライアントについて、少し立ち止まってみるのも
価値があるのではないだろうか。

たしかに1928年の時点では、ピエール・サヴォワもウジェニー・サヴォワも自由で
富裕で平穏な生活を送っていたが、ずっとそうだったわけではなかった。まず第一次
世界大戦があった。1914年に祖父は34歳で――わたしは祖父に会ったことはない――、
その息子、つまりわたしの父は7歳だった。祖父は4年にわたって戦争に招集された。
その年齢と家長という立場もあって、第一線へ送られることはおそらくなかった
だろうが、それは恐怖だった。戦争を生き延びたすべての人たちがそうであるように、
父もまた、生涯その経験から逃れられなかった。とくに祖父はこの戦争について、
1870年にすでにフランスに勝利し占領していたドイツ人は、また攻めてくる
だろうから、いずれ破壊されることになる住宅を所有してもなんの意味もないと
考えていた。彼はいつも口元に笑みを浮かべて、保険屋は戦災を補償してくれない
からねと言ったという。彼には自分が言っていることの意味はよくわかっていたが、
その正しさをどこまで歴史が証明するかまではわかっていなかった。

ロジェ
ピエール・サヴォワとウジェニー・サヴォワの息子

ピエール・ジャンヌレ

拝啓

　あなたのポワシーの住宅の第3案の青図をお送りします。

　予算の枠内に収まるように削減すべきところはしました。コルミエ氏〔コルミエ建設〕も新しいプランをもっています。2部ある契約書にサインいただいて、ひとつはお手元に保存してください。仕事が増えたために、最初の打ち合わせのときにお話ししていたこのご連絡を差し上げることができずにいました。

　手付金をお送りいただければ幸いです。

敬具

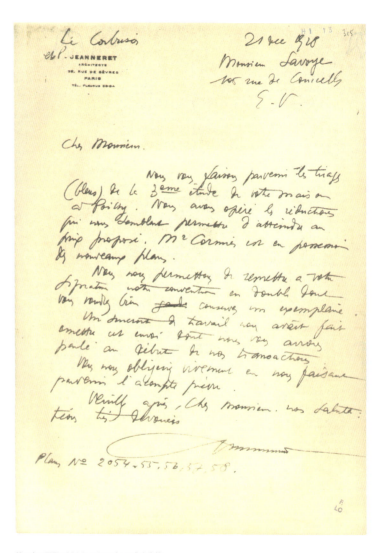

第3案の図面に添えられたサヴォワ家宛書簡。
1928年12月21日の日付とジャンヌレの署名がある

この原則に忠実に彼は生涯借家住まいで、唯一サヴォワ邸だけが彼の所有した住宅だった。もう少し正確を期すならば、彼は妻に贈るために二つの農園を購入している。それは投資でもあったがプレゼントでもあった。というのも祖母は大地を信頼しており、植物も畑仕事も好きだったからだ。1888年1月にリールで生まれた祖母は、ル・コルビュジエよりも3か月年下で、知的で生き生きとした不遜なところのある女性だった。はっきりとしているのは、両親が離婚し、母親が再婚するなど祖母が複雑な幼少期を過ごしたということだ。19世紀末フランスの片田舎で離婚家庭の娘であることは、そう容易なことではなかったにちがいない。ずっとあとになって、彼女の父の家族、富裕で子供のいなかった彼女の叔父たちが、よくわからない理由でわたしの祖父を拒絶した。結果として祖母はかなりの遺産を奪われることとなった。祖母はそんなことをものともせず、のちに深く愛することになるこの男と結婚したのだった。

この男、わたしの祖父は、ノール県のブルジョワジーの出だった。6人の兄弟姉妹の長男で、1898年に父親が亡くなってから、18歳で家業を継ぐことになった。醸造所の経営とかつては繁盛していたホップの商いだった。すぐに事業は危機に陥り、深刻な負債を抱えて家族関係にもひびが入った。

1906年、祖父が結婚した時には、彼はまだホップ商だった。翌年には、理由はわからないが、リールで保険業を営んでいた家族の協力を得て保険の仲介業を始めた。これはもともとイギリスで発達していたもので、祖父がフランスにもちこんだのだった。おそらく1918年以降に、この事業は拡大していき急成長を遂げることになる。1928年には祖父も豊かになっていたが、富豪というほどではなく、その財産は限られていた。彼は仕事に忙殺されていたので、ほとんど建設現場に出てくることはなかった。祖父はたしかに建設会社をどこにするかということや――コルミエ建設を推したのは彼だ――、建設費用については口を挟んだが、この住宅はあきらかに彼の妻のものであった。

第1案

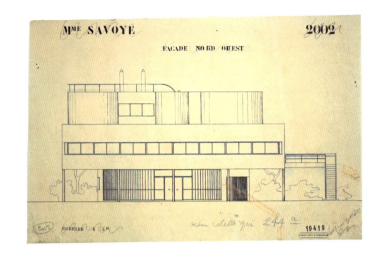

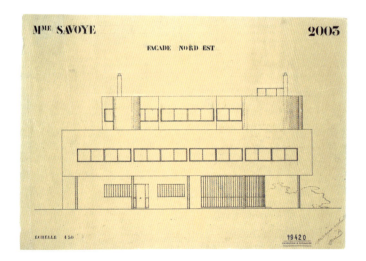

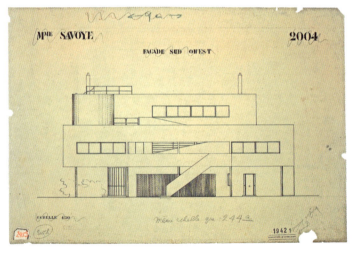

第２案

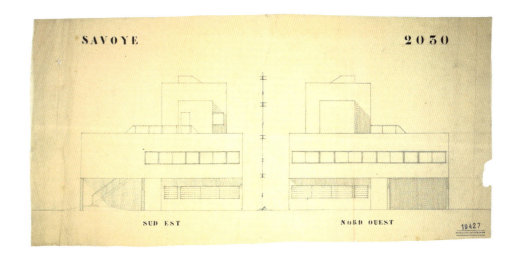

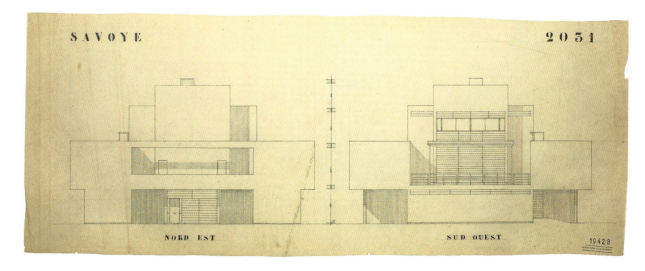

第3案

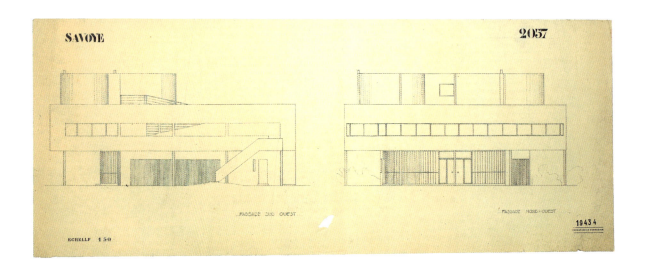
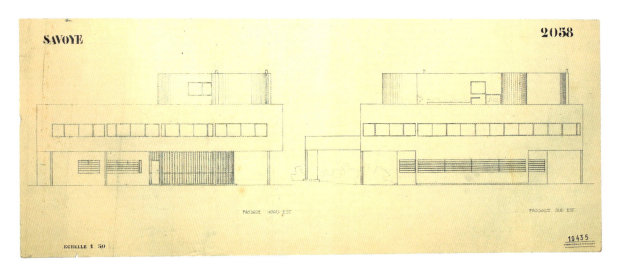

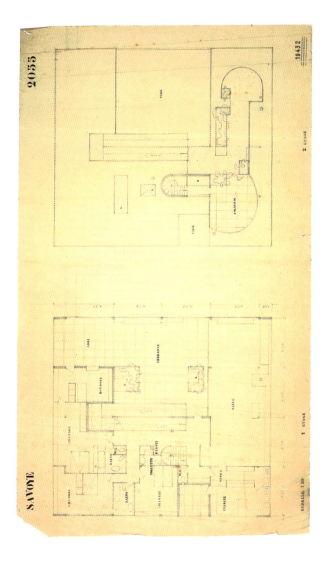
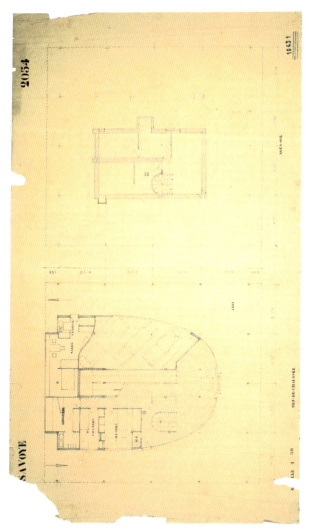

詳細な遺言を残すほどの大きな手術を受けた祖母の状況も1924年には落ち着いたようだった。その頃にはすっかり元気になって、親族との諍いももう終わっていた。
彼らの一人息子も大きくなった。いまでは21歳で、いずれ父親の後を継ごうと考えてくれているようだった。つまり1928年6月になってはじめて祖母の人生はいよいよ万事快調となったのだ。祖母は40歳で美しかった。夫は48歳で華々しい成功を収めていた。未来は彼らの手にあった。フランスにも平和が訪れて10年が経っていた。狂乱の1920年代の熱気のなかでフランスも繁栄していた。視界は良好。まさに明るい時、彼らはこの住宅をそう呼んだ。

まちがいなくここに、この住宅の美しさの鍵のひとつがある。建築家の前に現れたこのクライアントたちは、彼らの暮らしのこの瞬間に似た郊外の住宅を望んでいたのだ。彼らは時間を止めてほしかった。彼らは光を求めた。彼らはそのすべてを楽しみたいと願った。すべては単純で、実用的で、近代的で、快適でなくてはならなかった。これらはすべて図面の上に見いだされることになるだろう。

1928年の10月には、最初の計画が祖父母に提示された。彼らがそれを拒否したのは、とくにコストが高すぎたからだ。1か月後、2つめの計画が提出されたが、これもまた認められなかった。ようやく第3案が検討されることになった。第1案に近いものだったが、3階建てをやめたものだった。この案も建設途中にどんどん発展していくことになるが、建設が始まったのはこの案が受け入れられたからだ。予算は55万8690フランと見積もられた。85万1520フランだった当初の見積りに比べれば大きく減額された。もちろんこのあと工事費はどんどん超過していって、最終的にこの住宅には最初の計画案で予想されていたとおりの金額がかかることになるだろう。

ここまで祖母のことこまかな注文の書かれた依頼書を読んできた。すでに快適さへの欲求は明らかだろう。当然、電気やセントラル・ヒーティングのことが念頭にあった。しかし、浴室についてはいまいちど考えてみたいと思うのだ。祖母は大きな鏡を希望していたが、結局、鏡が置かれることはなかった。一方で、お湯に浸かるトルコ風呂風のこのモザイク貼りの浴槽について彼女はどう思っていたのだろうか。それに、ほんの数か月前にシャルロット・ペリアンとル・コルビュジエがデザインしたシェーズ・ロングの形をしたこの休憩スペースについてはどうだったのだろう。祖母は熱い湯に浸かったあとにここで横になったのだろうか。それとも夫が風呂からあがるのを官能的な気持ちでここで待っていたのだろうか……。

同様に寝室と浴室とのあいだに仕切りがなくて、ただスライド式のカーテンが引かれて仕切られるだけなのはどうなのだろう。まるで身支度のための空間と休息の空間、そして快楽の空間とのあいだに境界がないかのようだ。これらすべてから、明瞭な、ほとんど喜びに満ちた官能性がほとばしっている。まったく峻厳なこの住宅の純粋な直線とは対照的だ。良識には背かない限りで、わたしは幸せな気持ちで、祖父母たちもまた人生へのすばらしいセンスをもっていたのだと考えずにはいられない！

寝室からみた浴室

同じように驚かされるのが、自動車に与えられた地位である。よく知られているように
ル・コルビュジエは自動車に魅了されていて、自動車が私たちの生活様式を根底から
変えようとしていることを完璧に理解していた。1930年には、ドイツの雑誌に寄せた
記事のなかでこのことを正確に定式化していた。「したがって住宅の最小寸法は自動車
という新しい要素によって決定される」

改めていうが、建築家のこのヴィジョンは、私の祖父母の要求と完全に呼応していた。
もちろん、ピロティを考えたのはル・コルビュジエである。しかし、車で到着して
切り返すことなく家の中に駐車するというアイデアは、祖母から後押しされたに
ちがいない。祖母は1924年という早い時期にガソリン自動車の運転免許証を
取得していたのだが——そのことをとても誇りに思っていた——運転は下手くそで、
60年代にプジョー203のハンドルを握っていたのを思いおこすと、駐車するのにバック
しなくて済むことを彼女はとても歓迎しただろうことはよくわかる。

駐車場と運転手の部屋についても一言付け加えたい。駐車場には3台は停める必要が
あった。祖母の車、祖父の車、そしてきっと私の父も車をもっていたにちがいない。
これは1928年の3人家族にはたいへんなことだった。しかしわたしの祖母は
自立しており、自分が来たい時にポワシーに来られるようにしておきたかった。
祖父はというと、自分が運転しているときに、兄のジャンが起動クランクの逆回転（キックバック）
によって事故死するのを目のあたりにして以来、もう運転するのをやめてしまっていた。
だから運転手を雇っていて、彼のための部屋が必要だったのだ。

ウジェニー・サヴォワの
運転免許証

建設工事は1929年中続いた。祖父母は目を光らせており、ドアの幅が狭いのではないかとか、間仕切り壁の厚さが薄すぎるといった記録が残されている。大きな事故はなかったようだ。ル・コルビュジエは定期的に報酬の支払いを求めたが、しかしこれといって特別なことはなかった。祖母が家までのアプローチの工事方法に異議を唱えたときには、ル・コルビュジエは祖母に同意して、工事を担当していた会社に手紙を書き、クライアントを満足させるように指示をした。「サヴォワ氏はいままでで一番いいクライアントです」と彼は記している（1930年7月17日付書簡）。

祖父母は自分たちが建てさせていた特別な家の重要性を認識していたのだろうか。それはわからない。しかし彼らは決して図面を修正させようとはしなかったし、この土地から何がでてくるのか気後れする様子もなかった。祖母は、この家のメインルームに置く照明を探しにショールームに足を運んだりした。

ル・コルビュジエはといえば、特別な作品が建設中であることを予感していた。1929年2月21日付の母親宛の手紙では「ポワシーの美しい住宅の掘削をはじめましょう」と書いていたが、1930年4月25日付のやはり母親宛の手紙では、さらに熱中している様子がみてとれる。「ポワシーの住宅はささやかな奇跡となります。まさに創造です」

1929年12月31日付の書簡で、総合請負業社（ゼネコン）のコルミエは工事完了としているが、まだ多くのディテールを詰める必要があったのはまちがいないだろう。階段手摺りのゴムパッドは1930年9月になってもつけられていなかったが、それでも祖父母は引っ越してきた。というのも、ル・コルビュジエからの1930年6月28日付の手紙に「たいへんよく住まわれているのを拝見して嬉しく思いました」と書いてあったからだ。

ポワシーの住宅は
ささやかな奇跡となります。
まさに創造です

ル・コルビュジエ

この家で彼らは幸福だっただろうか。それは答えるのが難しい問いだ。それを証拠立てる資料も写真も映像もわたしたちには残されていないのだから。たしかなことは、彼らがゴルフをプレーすることが大好きだったことだ。祖母はよく、祖父がすぐ近くのサン・ジェルマンのゴルフ場（彼らは長年の会員だった）で成功させたパターを、家の前の芝生で再現して見せるのをよく思い出していた。

ほかにも祖父母は、仕事上の付き合いが続いていたノール地方の友人たちとの再会も喜んでいた。この家が完成してから彼らはポワシーにやって来るようになった。祖父のクライアントにクルマン・グループがあったが、19世紀以来リールを拠点にしていたまちがいなく当時フランスで最大の化学メーカーのことだ。クルマン家はかなりな帝国を築いており、化学から銀行にまで及んだ。というのも彼らはクレディ・デュ・ノールの創設者でもあった。1928年にはクルマン・グループは、18世紀の美しい城館を含む55haの園地をヴィリエに購入した。そしてクルマンのオーナーが祖父に言ったのだった。「ピエール、家を建てる土地を探しているなら、ポワシーに来たらどうだ。ちょうどわたしたちが買ったばかりの土地の一部を譲るよ」

こうしてヴィリエの地所は3つの区画に分割された。城館を含む28haはクルマン・グループの従業員のための施設となり、20haはノール地方で紡績業を営む大実業家でありクルマン家と縁戚関係にあったアガシュ家に売却された。そして7haが祖父のものとなった。アガシュ家はばかでかい建物を建設させた。ハーフティンバーと隅塔のついたネオ・ノルマン様式で建てられたいくつかの住宅だった。たいへん豪華でクラシックであるとともに退屈な美しい建物だった。ノール地方のブルジョワジーたちが、毎週末セーヌ川を一望するこのポワシーの高台に集まってくる。彼らは互いにもてなし、友人を歓迎し、事業を拡大させるのに役立つ人間関係を開拓するのだ。

いまから振り返ってみれば、この小さな社交界で、もっとも得をしたのは祖父だったと言っていいだろう。祖父は自分よりもはるかに富裕で力もあるメンバーからなるこの一族の傘の下で、繁栄を約束された血気盛んなスタートアップ企業のリーダーだったのだ。

1939年春の、わたしの両親の婚約が最後の明るい時となった。二人はお互いの家族の近親者の中で祝福された。ボルドーの自信に満ちた弁護士であった母方の祖父は、この結婚について、彼と同じように決定的で断固とした次の確信をもっていた。「かわいい娘よ。こんな家を建てさせるような家庭に入っていくお前がかわいそうだよ」

しかし、この数年間を特徴づけていたのは、そしてまちがいなくこの家で生活する喜びをいくらか損なっていたのは、祖母が不平を言うのをやめなかった欠陥の数々だった。立て続けに苦情の手紙が送られた。暖房がもっとも大きな懸念事項だった。1934年には祖父母の心配はいよいよ募り、彼らは友人のエンジニアに来てもらって問題の箇所をみてもらい、その勧めにしたがって修理を行った。父が1年間のサナトリウム滞在から帰って来たころだっただけに事は重大だった。1934年の冬のあいだ中、父が寒さに苦しむのではないかとみな肝を冷やしたのだ。その上、防水上の問題が起こって、生活は台無しになった。1936年9月7日付の祖母からル・コルビュジエに宛てた手紙には次のように書かれている。「スロープも雨。車庫も雨。車庫の壁はびしょ濡れです」

時とともに祖母の苛立ちが募るのが感じられる。1937年9月7日にはいくらクレームをいれても無駄なことにうんざりして彼女は次のように記している。「あなたのところにはいつも誰かがいてわたしのところに見学者を寄こすのに、わたしの手紙にはまったく返事をくれません」。同じ年の10月11日には爆発寸前である。建築家に対して10年間の保証責任があることを告げた上で——保険会社の社長夫人なのだから自分が言っていることはよく理解していただろう——「至急この家を住めるようにしてください。法的措置に訴える必要がないことを願います」と付け加えた。

ウジェニー・サヴォワ

1936年9月7日

拝啓

　願わくばバカンスからお戻りになり、ポワシーまでお越しになれますように。

　玄関も雨、スロープも雨、車庫の壁はびしょ濡れです。

　さらに、わたしのバスルームは雨が降るたびに雨漏りして水浸しです。天窓から水が入ってきます。

　庭師の住居も壁がびしょ濡れです。わたしがここに滞在しているうちに、これらすべてのことが解決されるよう願います。今週は、水曜の午後と木曜の午前以外はポワシーに滞在しています。

　ただし、あらかじめ電話でご訪問の予定をお伝えくださいませ。

　敬具

ル・コルビュジエ

1937年10月31日

サヴォワ様

拝啓

　ブリュッセルから帰宅の直後にごく手短に書き取らせた昨日の手紙に、ここで補足させていただきます。

　提案した改修にもかかわらず、北側壁面が快適性を欠くようであれば、壁面から内側に3–4cmの間隔をおいて木製の化粧板を張らなくてはならないでしょう。

　なによりも、あなたに満足いただくために最善を尽くす所存であること、またさらに、わたしたちのこと**をあなたの家の友人のように考えていただきたい**ということをあなたにお伝えしたく思います。また同じくわたしは、あなたのごく近い友人でありたいと思っていますし、わたしたちの関係はこれまでいつも信頼に満ちたものでした。わたしは常にわたしのクライアントの友人でありましたし、またそうあらねばならないと考えています。

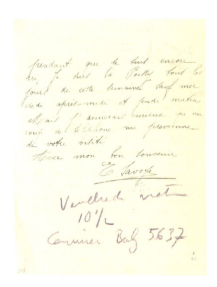

31 octobre 1937
Monsieur Savoye

Cher Monsieur

Ce mot complète ma lettre d'hier dictée à mon retour de Bruxelles dans un bref instant disponible.

Il faut ajouter ceci :
Au cas où les aménagements proposés laisseraient encore persister un manque de confort au mur nord, nous y ferions installer un placage de bois à 3 à 4 cm du mur, à l'intérieur.

Je désire par ailleurs, vous donner la certitude que nous désirons faire au mieux pour vous satisfaire et que vous devez nous considérer comme les amis de votre maison ; je désirerai d'autre part demeurer un ami tout court de vous, nos relations ayant toujours été de pleine confiance. Je suis et je dois toujours demeurer l'ami de mes clients.

v. dévoué
Le Corbusier

ウジェニー・サヴォワ

De Paris, le 24 mars 1930

Monsieur,

Je suis allée hier à Vichy par le mauvais temps et voici tous les inconvénients que j'ai constatés et auxquels je vous prie de remédier le plus tôt possible:

1°. Il y a un carreau cassé et une latte soulevée à une fenêtre de la chambre de mon fils.

2°. La fenêtre du boudoir est fuyarde, par suite de sorte que le boudoir est inondé.

3°. La pluie fait un bruit infernal à la fenêtre au dessus de mon lavabo, ce qui nous empêchera de dormir par mauvais temps.

4°. Le haut de la rampe dans le vestibule est inondé, côté passage de la cuisine.

5°. Dans la cave, il manque à une fenêtre le dernier petit triangle de verre ce qui occasionne aussi une inondation.

6°. Le garage est inondé, à l'intérieur à l'endroit de la colonne d'évacuation des eaux, à l'entrée du garage même et tout le passage entre le 2e et le 3e pilier, le plafond est complètement mouillé. Il y a donc des mesures à prendre d'urgence avant que les peintures ne soient ternies.

Nous avons réfléchi à l'établissement de la route. Monsieur Garnier nous a fait la proposition suivante: Défonçage à 0 m 10, encaissage et cailloux sur 0.15 ou 0.20 de profondeur 0m 10 de cailloux; sable, hersage, arrosage et cylindrage à raison de 25 f le m². Il y a environ 600 m² avec le nouveau devis.

Nous n'acceptons pas le prix de 28 f le m² de Mr Crépin mais nous sommes disposés à lui donner à prix égal soit 25 f le m². Les travaux de la route en même temps que le défonçage, étant bien entendu que si des restes de souche apparaîtront l'an prochain les frais d'arrachage seront à la charge de Monsieur Crépin. S'il ne peut arriver à ce prix de 25 f, nous chercherons une autre entreprise de jardins.

Je désire, si Monsieur Crépin donne accord qu'il m'envoie le détail du travail de la route tel que Monsieur Garnier nous l'a donné.

Recevez, monsieur, l'assurance de mes sentiments distingués.

E. Savoye

パリより 1939年3月24日

拝啓

　昨日、悪天候のなかポワシーに行きました。以下にわたしが確認したすべての欠陥箇所を掲げるとともに、これらについて早急な修理をお願いします。
1. 息子の寝室の窓について、一枚窓ガラスが割れており、小幅板も剥がれています
2. テラス側の私室の窓から水が漏り、私室が水浸しです
3. 雨が降ると私の洗面台の天窓からおそろしい音がします。天気の悪い日には眠れないほどです
4. 玄関ホールのスロープの高所から水が漏ります。テラスに通じる扉側です
5. スロープの最後の小さい三角形の窓ガラスがありません。浸水を引き起こしています
6. 駐車場でも。入り口の排水管のある場所よりも内側に浸水。2本目と3本目の柱のあいだ全部、天井もずぶ濡れです

　以上、壁の塗装が完了する前に至急の対応が必要です。外構の通路についても検討しました。コルミエ氏から次の提案を受けました。0.10 mの掘削の後、石炭殻と石膏を0.15または0.20 mの高さまで入れて、さらに0.10 mの高さの砂利を入れた上に、砂を敷き広げて散水し、ローラをかけるというものです。1 m²あたり25フラン。新たな見積りでは約600 m²。クレパン氏の見積りにあった1 m² 28フランは受けいれられませんが、切り株の撤去と同時に行う道路工事については同額、つまり1 m²あたり25フラン支払う用意があります。もちろん、もし来年、切り株が芽を出した場合、それを根こそぎ撤去する費用はクレパン氏の負担となります。もしクレパン氏が25フランを提示できない場合には、別の造園業者を探すことになります。もしクレパン氏の同意があれば、コルミエ氏からわれわれに提示された道路工事の詳細を送っていただきたく。

敬具

この冷淡な手紙を受けてル・コルビュジエは、10月31日、わたしの祖父にとんでもない返事をよこした。「あなた方はあなた方自身をあなたの家の友人だと考えなくてはいけません。わたしもまたあなた方の近しい友人でありたいと願っています」

事態がいっこうに改善されないのを見て、1939年11月4日の日付をもつ、確認できたなかではわたしの祖母から建築家へ宛てた最後の手紙で、祖母はル・コルビュジエに対して、どこか修理するたびに、つまり毎回毎回彼の事務所に連絡しなくて済むように住宅の図面を要求している。繰り返される暖房と防水の問題に加えて、祖母はこの住宅の防音面での不具合についても、部屋から部屋へとすべての音が筒抜けだと訴えている。

宣戦布告がなされた直後の1939年9月、多くのパリジャンと同じようにドイツ軍による首都の大規模空襲が迫っていると危惧した祖父母と父、そして最初の子供を身ごもっていた母の一家はポワシーへと移り住んだ。祖父と父は毎日パリへと通勤し、母はできる限りのことで時間を潰していた。彼女の語るところによれば、仲良くなった庭師がバターを塗ったパンをたくさん用意してくれて、母はそれを庭のラディッシュと一緒に食べたりしたそうだ。

日は短くなり、湿度が高くなり、寒さがこの暖房のない家に忍び込んできた。おまけに、受動的防衛策として、家のすべての窓にメチレンブルーを塗布するように命じられた。暗い雰囲気が辺りを包んだ。明るい時の終わりだった。

パリが空襲されず、戦争もしばらくはほんとうの戦争ではないとみて、わたしの両親は10月の終わり頃にパリに戻る決心をした。しばらく遅れて祖父母も続いた。

1940年5月、フランスでの戦いが始まったときには、改めてポワシーへ避難することも考えただろう。しかしパリからあまりに近すぎた。母は安全に出産するためボルドーへ戻った。父と祖父は非占領地域へと会社事務所を移すのに忙殺された。

セーヌ渓谷とその少し先にあるフォード工場を監視するのに理想的な場所にあったこの家は、ドイツ軍に接収された。ル・コルビュジエがこの土地について描写したとき、彼にはこの土地が次のように見えていた。「丘の頂部に位置する〔この家は〕四つの水平線に向かって窓を開く。屋上庭園のあるリビング・フロアはピロティの上に立ち上がり、遠く地平線上の眺望を享受することができる」(『作品集 1910–1929』186–187頁)。ドイツ軍にとってこれ以上の監視場所は望めなかった。彼らはこの家を接収した。祖父は正しかった。ドイツ軍はふたたびやってきたのだ。

ドイツ軍の後には、アメリカ軍が1944年8月末まで引き継ぎ利用した。彼らはこの家を備品や車両の保管場所として使っていたと想像できるが、ひどい状態だったので、おそらく住んではいなかっただろう。1942年7月、祖父は執行吏報告書を作成させた。暖房器具はすべて凍りつき、窓ガラスやタイルの多くは割れ、ドアはすべて無理やり開けられ、滑るはずのものはすべて滑らず、寄木細工の床は割れ、居間の暖炉はまた壊れていて、家全体はペンキを塗り直さなければならなかった。報告書は、防水の問題が解決されていないことを示す多数の湿気の痕跡を指摘していた。

あなた方はあなた方自身を
あなたの家の友人だと
考えなくてはいけません。

ル・コルビュジエ

1944年10月6日

証明書

われわれ地方解放委員会委員長は、ポワシーのシュマン・ド・ヴィリエにあるサヴォワ氏所有の地所「明るい時」が以下の期間にドイツ軍に占拠されたことを証明する：

1. 1940年8月12日から11月16日
2. 1941年6月1日から1941年9月17日
3. 1941年11月23日から1942年3月18日

占拠されていなかった時期についても、土地・建物は引き続き徴発されていた。徴発は1942年11月9日に解除されたが、新たに1944年5月15日から1944年8月25日まで徴発された。

地方解放委員会委員長

その3年後、祖父母がこの家を取り戻したときには、さらに荒れ果てていた。まだ建ってはいたので廃墟というほどではなかったが、もう一度住めるようにするには上から下までやり直す必要があった。彼らはそうしなかったし、そんな気にもならなかっただろうと思う。お金の問題ではなかった。彼らはお金に不自由してはいなかった。彼らにはそれまでの経験から、この家はそもそも建て方が悪く、暖房や防水の問題は決して解決しないことがわかっていたのだ。

それにもう人生は過ぎた。1945年、祖父は65歳、祖母は57歳になっていた。もはやこれまでと同じエネルギーはなかった。わたしの両親にはすでに3人の子供がいて、この家が家族の家となる運命にないことは明らかだった。最後に、そしておそらく最大の理由は、終戦直後のこの時期に、祖父はもはや不動産を所有したいとは思っていなかったということだ。ドイツ軍が往来し、保険会社は戦争による損害を補償しなかったのだから。実際、あらゆる報告書や証明書にもかかわらず、彼は何一つ払い戻しを受けることはなかったのだ。しかし彼らにはポワシーを引き払うつもりもなかった。

1947年、彼らはこの土地を農場に転用することを決めた。祖母は当初から、広大な菜園とたくさんの果樹を植えた果樹園とを整備させていた。収穫物は家族や、庭師や使用人で消費していた。この家ではみんなでジャムもつくっていた。余りが出たら当時近所にたくさんあった販売業者に売ったにちがいない。

観賞用の庭はほんとうの農場になった。当時、ここに植えられていた作物についてはとても正確な目録が残っている。2000以上のなしの木とほぼ同数のりんごの木である。ひとり現場監督を雇って守衛室に住まわせ、開発を軌道に乗せるよう指示した。この家はといえば、農機具の倉庫や収穫の保存庫として利用された。

至急この家を
住めるようにしてください

ウジェニー・サヴォワ

このようにして、その精神においても、形態においても、またその材料やその用途においてもたいへん近代的なこの住宅は、驚くべき逆説だが、最も伝統的な活動によって、放棄された状態から救われたのである。

祖父は1950年に亡くなったが、ヴィラのその後にはなんら影響なく、祖母は定期的に訪れて、サン・ジェルマンのゴルフ場にも通い続けた。彼女は少なくとも1959年までは会員のままだった。わたしよりもずっと年上の兄と姉は、季節の良い日曜日に家の前の芝生で何度かピクニックをしたことを覚えている。すべては長く続くように思われたのだが、ポワシーの街は急激に発展していった。ヴィラのすぐそばに、ボルガール団地が5階建てで真っ白のまったく同じ形をして平行に並んだ公営住宅（アッシュ・エル・エム）として建設された。急拡大していたすぐ近くの自動車工場に働く労働者たちを住まわせるためで、またベビーブームに沸くこのフランスには住居が必要だった。そして今度は高校を建設せねばならなくなった。

ボルガールの団地には建設可能な土地はほとんど残っていなかった。1957年、教育省がポワシー市に学校用地を準備するよう要請した。同年4月ポワシー市長は父に手紙を書いて、ヴィラの土地を市に譲ることに同意できるかどうかを尋ねてきた。すべては順調に進むことにはなるのだが、しかししばらくの時間を必要とした。こうした話はすぐには進まないものだが、加えて祖母が決してポワシーを手放そうとはしなかったからだ。1957年10月7日の日付の市長宛ての父からの書簡には次のように書かれている。「母はこの土地を譲渡することに同意しませんでした。わたし同様に皆さんにも理解していただけることと思いますが、母はこの土地に深い愛着があり、引き続きこの地で残りの人生を穏やかに過ごしたいと強く願っているのです」。しかし、父は完全に門戸を閉ざしたわけではなかった。このプロジェクトが公益に資する性格のものであることをよく理解し、もしほかに利用できる土地がないのであれば祖母を説得できるだろうとも考えていた。

結局、市はその選択を維持し、収用手続きが開始され、その結果、1959年4月28日付で公共事業を理由とする収用命令が出された。ことの経緯は省略する。父と祖母はその補償金について争うことになるだろう。彼らは控訴して、一部勝訴したが、樹木や農業開発に対する補償の方が、家屋に対する補償よりも大きかったことに注目すべきだろう。

当初は、たんに家を取り壊して更地にし、高校とスポーツ施設を建設する計画だった。しかしすぐさま、ル・コルビュジエと建築家のグループが、おどろくほど迅速に反応した。彼らの幾人かはル・コルビュジエのかつての協働者だった。サヴォワ邸保存臨時委員会が結成された。彼らは国際的な請願活動を開始し、高校は別の土地に建設されることを期待できるほどに現実の成功を収めた。

1959年7月28日、収容に関連して、市長は市の弁護士に次のように書き送っている。「教育省が今回の収容に否定的な見解を示し、芸術文化大臣が承認したことをお伝えします。……すなわち、ル・コルビュジエの住宅は保存されるべきこと、またできるだけ建設時の状況へ復することとなりました。教育省は高校の建物を建設するためには他の土地を探すようわたしに通達してきました」。結局、他に土地は見つからず、新学期開始が現実のものとして目前に迫っており、ポワシーの住人たちもしびれをきらしていた。

市役所に届いた伝統的な匿名の風刺の手紙に加えて（「『芸術』について語る前に、ル・コルビュジエが卑劣なマニフェストによって得た金について語れ」）、子どもたちを最優先にすべきだという意見もみられた。1959年5月のポルガールのキリスト教系コミュニティの月刊誌に次のような率直な意見が掲載された。

左：1959年5月のボルガールの
キリスト教系コミュニティの月刊紙
記事のタイトルは「ボルガールの
青少年たちの将来の方が、廃墟と化した
住居よりも重要なのではないのか？」
下：匿名の手紙

パリ、1959年3月11日
サヴォワ邸保存臨時委員会

ル・コルビュジエのサヴォワ邸が危機に瀕している。

自治体がヴィラの敷地を高校建設のために収用する手続きを進めている。

最初の収用許可は今月の17日に下りることになった。

われわれはこのヴァンダリズムの行為を回避するため全力を尽くす決意だ。

諸氏には各国のパリ在住文化担当官とわれわれ保存委員会に抗議の声明を送るよう願う。

このヴィラを修復し、ル・コルビュジエ氏の指導のもとこの住宅の今後の活用についての最終的な解決策をみいだせるよう、諸氏の支援を請う。

サヴォワ邸保存臨時委員会

R. オジャム、W. ヴォジャンスキー、D. シュヌト、
N. エフロン、J. フロム、A. ジェッリ、A. コップ、
G. ラグノー、C. ペリアン、J. C. プティドマンジュ、
プレヴェラル、H. キイェ、P. リブレ、ルノディ、
E. シュライバー・オジャム、G. トゥルノエ、ヴェレ

H1 12 435

COMITE PROVISOIRE DE SAUVEGARDE
DE LA VILLA SAVOYE.

Paris, le II Mars 1959.

La Villa Savoye de LE CORBUSIER à Poissy est en danger.

La Commune a engagé une procédure d'expropriation du terrain et de la Villa afin de construire un lycée.

La première décision d'expropriation sera prise le I7 de ce mois.

Nous sommes décidés à tout mettre en oeuvre pour empêcher cet acte de vandalisme.

Nous vous appelons à faire parvenir vos protestations

à l'attaché culturel de votre pays à Paris
et à notre comité de sauvegarde.

Nous vous appelons à soutenir notre action pour assurer la remise en état de la Villa et pour nous permettre de rechercher sous la direction de Monsieur LE CORBUSIER, une solution définitive d'affectation pour cette maison.

LE COMITE PROVISOIRE DE SAUVEGARDE
DE LA VILLA SAVOYE

MM. R.AUJAME, W.BODIANSKY, D.CHENUT, N.EFFRONT, J.FLOM,
A.JAEGGLI, A.KOPP, G.LAGNEAU, C.PERRIAND, J.C.PETITDEMANGE,
PREVERAL, H.QUILLE, P.RIBOULET, RENAUDIE, E.SCHREIBER-AUJAME, G.TOURNOUER, VERET.

F

左：17人の建築家によって1959年3月に
国際的に発表されたヴィラの保存要望書
下：1960年5月20日付の
ル・コルビュジエ宛アンドレ・マルロー書簡

「ル・コルビュジエの弟子たちはわずかなコンクリートの壁を守るために数百万の資金を見つけるだろうが、2000年には大人になる少年少女たちを育てるために必要な資金は見つけられるのだろうか」

一方、ル・コルビュジエはすべてを注意深くフォローしていた。1959年3月10日付の書簡で、父は収用手続きについて彼に正確に伝えて、収用に際しての評価額についても教えている。あきらかに父は収用は避けられないという事実を受け入れていたが、文化省からの補償を受けることと、住宅が取り壊されないこととを望んでいた。わたしの聞いたところでは、父は親友のひとりに仲介を受けて、サン・ゴバンに財団設立を働きかけたのだがうまくいかなかった。

ル・コルビュジエもこの住宅に自分の財団を設立することを掲げて資金を集めようとしていた。このプロジェクトは大きく前進した。というのも、建築家が亡くなった翌年の1966年、セーヌ＝エ＝オワーズ県は「ル・コルビュジエ財団の設立を目的とした公益事業告示に先立つ事前調査」を実施した。最終的に、すべての関係者間での合意が成立し、高校は建設され、ヴィラも保存されることが決まった。アンドレ・マルローの揺るぎない支援によるものであることも、特筆すべきだろう。歴史的建造物への登録手続きがル・コルビュジエ生前の1964年に始まったのは、きわめて例外的なことである。財団も設立されたが、最終的にはル・コルビュジエが1924年にパリに設計したラ・ロッシュ邸に置かれた。

まず1963年からデュビュイッソン氏が、1985年から1992年はジャン＝ルイ・ヴァレ氏（ヴィラの保存にもっとも貢献の大きかったうちのひとり）が指揮をとった2つのたいへん長期にわたる改修活動の末、毎年この住宅を世界中から数万人が訪れることとなった。自分が死んだ後にも長く残るような家を建てたいと願った祖母のことを思わずにはいられない。

51

明るい時を建設すること。これが、わたしの祖父母のプロジェクト、定式化されることのなかったユートピア的な仕様書であった。それをル・コルビュジエが自分の住宅を建設するためにかすめ取ったのである。このような制約が——だが、はたしてそれは制約だったのだろうか——当時のル・コルビュジエに必要だったのはまちがいない。ジュネーヴの国際連盟本部案を真っ向から批判して1年も経たない時期である。彼は素晴らしい表現で次のように書いている。「われわれの宮殿は大地の上、木々の間、野原の真ん中にあり、野ばらの邪魔にもならない」。もし彼が宮殿を建てたのが、レマン湖のほとりではなく、セーヌ川沿いのポワシーであったなら？ 明るい時の宮殿。

しかし、明るい時をつかみとることはできない。それは決して続かない。才能あるひとりの建築家が大地の上に丁寧に置いた白い箱の中にとらえたユートピア。このユートピアの証人として、サヴォワ邸だけが、そこにありつづける。一輪の野ばらをも邪魔することなく。

参考文献

Josep Quetglas, *Les Heures claires: Proyecto y arquitectura en la villa Savoya* Associacio d'idees, Centre d'investigations esthétiques, 2007.

Jean-Louis Cohen, Tim Benton, *Le Corbusier, Le Grand*, Phaidon, 1ʳᵉ edition, 2008.

Tim Benton, *Les Villas parisiennes de Le Corbusier 1920-1930*, La Villette, 2007.

Jacques Sbriglio, *Le Corbusier: Habiter: de la villa Savoya à l'Unité d'habitation de Marsaille*, Actes Sud, 2009.

Arthur Ruegg, René Burri, *Le Corbusier: Moments in the Life of a Great Architect*, Birkhäuser, 1999.

Willy Boesiger, Oscar Stonorov ed., *Le Corbusier — Œuvre complète*, en 8 volumes, Birkhäuser, 1995.

『ル・コルビュジエ全作品集』全8巻、A.D.A. EDITA Tokyo、1977-79

図版クレジット

© J.-M. Savoye: p. 5, 12, 15, 28

Photographie Martine Frank © FLC-ADAGP: p. 6

L'ensemble des lettres reproduites proviennent de la fondation Le Corbusier © FLC-ADAGP: p. 10-11, 16, 38-40, 50-51

L'ensemble des plans et croquis reproduits proviennent de la fondation Le Corbusier © FLC-ADAGP: p. 14, 18-32

Photographie Paul Koslowski © FLC-ADAGP: p. 26

Photographie fonds Weissmann © FLC-ADAGP: p. 32

Archives communales de Poissy (cote 48H3): p. 44, 49

Journal de la communauté chrétienne de Beauregard: p. 49

Photographie Marius Gravot © FLC-ADAGP: p. 52

1: 居室　　7: 化粧室
2: リネン室　8: テラス
3: 寝室　　9: キッチン
4: W.C.　　10: 配膳室
5: 私室　　11: ソラリウム
6: 浴室

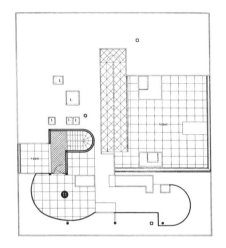

3階平面図

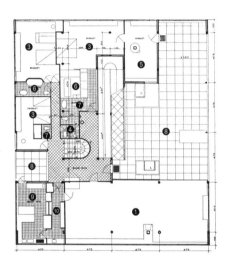

2階平面図

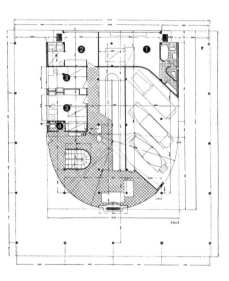

1階平面図

Le Corbusier
©F.L.C./ADAGP, Paris & JASPAR,
Tokyo, 2024 G3682

Jeanneret Pierre
©ADAGP, Paris & JASPAR,
Tokyo, 2024 G3682

訳者あとがき

本書はル・コルビュジエ設計のサヴォワ邸、そのクライアントであったサヴォワ夫妻の孫にあたる作家・編集者ジャン゠マルク・サヴォワと画家ジャン゠フィリップ・デロームによる *Les Heures Claires de la Villa Savoye*（Édition des quatre chemins, 2015）の翻訳である。

二人の出会いのきっかけは2007年に遡る。ウェブマガジン、コテ・メゾンのインタビューによれば、家具メーカーのヴィトラ社がサヴォワ邸にインテリアをコーディネートするという企画で、ロナン&エルワン・ブルレック兄弟やマールテン・ヴァン・セーヴェレンの家具が置かれたサヴォワ邸を、デロームが描く機会があった。ちょうどその頃、ジャン゠マルク・サヴォワは妻からデロームの描いたサヴォワ邸のデッサンをプレゼントされ、二人の出会いにつながったという。ジャン゠マルク・サヴォワは出版人で、ガリマール、アシェットなどのフランス大手出版社を経て、2002年にフランスにおける自主出版のパイオニアとなる出版社ル・ピュブリュール（Le Publieur）を、翌2003年にはエディション・デ・カトル・シュマン（Édition des quatre chemins）を創設し、本書は後者から出版されている。

画家、イラストレーターのジャン゠フィリップ・デロームは1959年生まれ。フランス国立高等装飾美術学校を卒業後、1985年から広告や雑誌など印刷媒体でイラストレーションの仕事を始める。以後、いくつもの雑誌やキャンペーンに登用され、数多くのブランドに愛される作家として活躍を続けている。近年は油彩へと画業の幅を広げており、日本国内では2023年にペロタン東京と伊勢丹新宿店で個展が開催されたことも記憶に新しい。また作家として小説、クロニクルも発表している。

近代建築史上のアイコンのひとつであるサヴォワ邸。この建物について一人称で語る資格があるのは誰だろうか。もちろん誰でなければならないということはないだろう。住まい手に限らず、いちどかぎりの見学者であっても、その建物についての語りは豊富に残されている方がよい。実際、サヴォワ邸については多くのことが言われ、また語り継がれてきた。けれども結局わたしたちは、建築家を主語にたてて建築について語ることに慣れきってしまっているのではないだろうか。訳者もパリに留学していた頃には、日本からの友人を連れて幾度となくこの建物を訪れはしたけれども、その鑑賞の視点は、建築家の創意工夫のあとを辿ることに終始してしまっていたのではないか。この建物を包み込む光や風、緑とともに、いかにこの住むための機械が機能しているか。そこに暮らす人を想像してみたとしても、彼・彼女らをもまたその機械を作動させる機能的人間としてしか── シェーズ・ロングに横たわっている姿さえも── とらえられていなかったのではないか。本書を一読後、覚えた感慨はそのようなものだった。

クライアントは建築家の理解者となることもあれば、ときとして抜き差しならない関係に陥ることもあるが、すくなくともその建物を舞台にした人生のなかで主役となるのは彼・彼女ら、クライアントである。建物とクライアントの物語ももっと語られてよいはずだ。とはいえ本書はクライアントの孫という特権的な立場から書かれたものかというとそうでもない。ジャン゠マルク・サヴォワが述懐するところでは、週末や休日にこの建物で過ごしたのはまだ4歳の頃のことだそうで、この住宅の記憶はごくわずかであるという。本書出版の際にとられたル・モンド紙のインタビューによれば、彼の兄や姉たちも、この家に宿泊したり、何か記念日を祝ったりということはなかったようだ。だから、この本は彼の思い出に浸った書というわけでもない。ル・コルビュジエ財団に残されたサヴォワ邸にかかわる資料、祖父母とル・コルビュジエとのあいだに交わされたいくつもの書簡、そうした資料にあたるアーカイブズの仕事を通じて執筆されたのが本書である。その際、大きな典拠となったのが、2007年に、スペイン・カタルーニャ地方の建築家ジュゼップ・ケグラスによって出版された浩瀚なモノグラフ『明るい時 サヴォワ邸のプロジェクトと建築』である。ジャン゠マルク・サヴォワも序文を寄稿しており、そのテキストは本書の一部を構成するものとなっている。

資料から再構成されたサヴォワ邸の物語、そこに祖母と孫、父母と子とのかすかな思い出に誘われて、ジャン゠フィリップ・デロームのたっぷりと空気を含んだようなイラストレーションの世界へと読者はひきこまれる。デロームのスタイルの特徴は流動的で即興的なその筆致さ。近年の油彩のシリーズではモデルとの直接的な邂逅から生まれる即興性を重んじて、写真などの素材に頼らずに直接キャンバスに筆をのせていくという。その作家の手のスタイルは本書でも存分に発揮されているが、一方で過去のサヴォワ家の生活を再構成するためにさまざまな写真資料を参照したことは想像にかたくない。しかし建築写真の多くには人が写っていないものだ。デロームはそこに人物を置くことで、建築作品のたんなるイラストレーションではなく、生活の舞台としてサヴォワ邸を描いてみせる。家族のあいだだけで交わされる親密な会話が快く聞こえてくるかのようだ。読者も本書のページを繰りながら、この建物に暮らした人たちの明るい幸福な時間に、ときに悪戦苦闘に想いをはせてもらいたい。

最後に翻訳に際して助言をいただいた加藤道夫、伊藤喜彦、廣谷クリストフ、伊東清夏の各氏、また装丁の渡邊翔氏、そして鹿島出版会の渡辺奈美氏にこの場を借りて御礼を申し上げたい。

2024年10月6日 戸田穣

サヴォワ邸の明るい時
ていあかとき

2024年12月25日 第1刷発行

絵：ジャン＝フィリップ・デローム
文：ジャン＝マルク・サヴォワ
訳：戸田 穣
　　とだじょう
発行者：新妻 充

発行所：鹿島出版会
〒104-0061 東京都中央区銀座 6-17-1
銀座 6 丁目－SQUARE 7 階
電話 03-6264-2301
振替 00160-2-180883

印刷：シナノパブリッシングプレス
製本：牧製本
造本：渡邊 翔

© Jo TODA 2024, Printed in Japan
ISBN 978-4-306-04719-8 C3052

落丁・乱丁本はお取り替えいたします。
本書の無断複製（コピー）は
著作権法上での例外を除き禁じられています。
また、代行業者等に依頼して
スキャンやデジタル化することは、
たとえ個人や家庭内の利用を
目的とする場合でも著作権法違反です。
本書の内容に関するご意見・ご感想は
下記までお寄せください。
URL：https://www.kajima-publishing.co.jp/
e-mail：info@kajima-publishing.co.jp